KB232597

기록관리 비상계획 : 업무편람

Planning for Emergencies : A Procedures Manual

이젬마 | 한국국가기록연구원 감수

진리탐구

기록관리 비상계획 : 업무편람

옮긴이　이 젬 마
감　수　한국국가기록연구원
펴낸이　방 은 순
펴낸곳　진리탐구

초판 1쇄　인쇄 2006년 11월 15일
초판 1쇄　발행 2006년 11월 20일

주소　서울시 마포구 도화동 36번지
　　　고려아카데미텔Ⅱ 1313호 (121-040)
전화번호　02) 703-6943, 4
전송번호　02) 701-9352

출판등록일　2004년 06월 11일
출판등록번호 제 313-2004-000148호

ISBN 89-8485-142-6

※ 잘못된 책은 바꿔드립니다. 가격은 표지에 있습니다.

한국국가기록연구원이 ICA와 협력하여 국제기록관리 IRMT가 개발한 교재를
한국국가기록연구원이 번역한 것입니다. 따라서 한국어판 저작권은
한국국가기록연구원이 소유하며 출판권은 도서출판 진리탐구에 있습니다.
이 책에 있는 어떤 내용도 허락없이 사용하거나 복사배포하는 것을 절대 금합니다.
(모든 저작권은 보호받습니다.)

　지금으로부터 7년 전 한국국가기록연구원이 출범하였다. 지난 시간을 회고해보면 아쉬움도 있고 또 앞으로 해야 할 일도 산적해 있다. 그러나 한편으로는 나름대로의 뿌듯함을 느끼기도 한다. 시민기록문화전, 기록문화 시민강좌 개설, 심포지엄, 한림기록문화상 제정, 한국기록학회 조직, 월례발표회, 한국기록관리학교육원 개원 등등, 모두가 우리의 기록문화 발전에 초석이 될 것임은 분명하다.

　연구원의 출범과도 무관치 않지만 우리의 기록문화에 또 하나의 이정표라고 할 수 있는 것은 기록관리법령의 제정이다. 법령의 제정으로 이제 우리도 현대적 기록관리체제에 들어갔다고 말할 수 있게 되었다. 그러나 법령의 제정이 바로 실시로 이어지지는 않는다. 죽어있는 법령이 얼마나 많은가. 새로운 법령이 제정되면 이에는 크고 작은 '저항과 편승'이 있기 마련이다. 새로운 기록관리법령에 대한 '저항'은 현재 법령상 존재해야할 기록관의 설치 실태만을 보아도 잘 알 수 있다. 새로운 법령에는 공공기록은 전문가(기록관리전문요원, 아키비스트)가 관리하게 되어 있고 이들 전문가의 자격 요건도 규정되어 있다. 이에 몇 년도 안된 사이에 많은 대학에서 기록관리학 대학원과정이 신설되었다. 물론 모두가 기록관리분야 전반을 위해서는 발전적인 변화이다. 그러나 그 내실을 보면, 즉 교수, 교재, 참고도서, 실습실 등의 면에서 보면 부실하기 짝이 없는 경우도 있다. 이는 새로운 법령에 대한 '편승'이라고 할 수 있다.

　그러나 '저항과 편승'을 탓하고만 있을 수는 없다. 사실 '저항과 편승'의 가장 큰 원인은 기록관리에 대한 이해의 부족일 것이다. 이를 위해 연구원은 과감히 ICA 총서시리즈를 번역하기로 결정하였다. 단순한 번역은 아니다. 권수로도 30권이 넘는다. 양도 양이거니와 여러 사람이 나누어 번역할 수밖에 없기에 통일성을 기하기가 무척 어려우리라 예상된다. 그럼에도 불구하고 한국 기록관리학의 기초를 놓는다는 심정으로 번역을 시작하였다.

　본 총서시리즈는 국제기록관리재단(International Records Management Trust)과 ICA에서 공동으로 추진한 결과물로, 국제적으로 널리 이용될 수 있는 최선의 기록관리 업무 방식 도출을 목적으로 하였다. 또한 기록관리 전문가 외에도 체계적으로 기록학에 접근하지 못했던 사람들에게 학습모듈을 제공하려는 의도에서 만들어졌다. 이 때문에 기록관리시스템이 불충분

하거나 적절한 기록관리 교재와 교육인프라가 결핍된 국가에게는 유용한 교재가 될 것이다.

　기록관리분야의 실무와 학문이 발전일로에 있는 우리나라에서도 이 교재의 보급이 시급함은 물론이다. 앞으로 이 학습교재가 공공부문의 기록관리전문가를 위해서 뿐만 아니라 민간부문에서도, 그리고 아키비스트의 업무능력과 전문성을 높이는 데에서도 널리 활용되기를 바란다.

본인은 2000년 9월, 연구원을 대표하여 스페인 세빌리아에서 개최된 ICA총회에 참석하였다. 회의 규모의 크기에도 놀랐지만 개최국의 선진적 기록관리 및 보존에도 놀랐다. 아시아에서는 유일하게 1996년 중국의 북경에서 개최되었다고 하니 중국의 문화적 깊이를 보여주는 듯하다. 한국의 서울에서 ICA총회가 열릴 기록관리 선진국을 기대하며, 본 역서가 그런 기대에 일조하기를 바라마지 않는다.

　본 역서를 내면서 감사드려야 할 분들이 있다. 먼저 한국국가기록연구원의 참뜻을 이해하여 저작권에 대한 비용을 과감히 포기해준 ICA 관계자 여러분들에게 감사의 뜻을 표하고자 한다. 또 상업성을 떠나 선뜻 출판을 맡아주신 진리탐구의 조현수 사장님 및 편집부 일동에게 진심으로 감사드린다. 마지막으로 그다지 좋지 못한 조건에도 불구하고 번역을 흔쾌히 맡아주신 번역자 여러분들에게 깊은 감사를 드린다.

김학준(한국국가기록연구원 원장)

이 책 기록관리 비상계획 업무편람은 기록관리기관이 상황에 따라 다양하게 발생할 수 있는 재난과 비상사태에 대비하고 이에 대응하는 정책과 전략을 개발하는데 관련된 방법들을 설명하고 있다. 이 편람은 급작스럽게 발생할 수 있는 비상사태에 대비하여 소중한 기록을 안전하게 구조하기 위한 전략을 준비⇒대응⇒복구라는 3단계에 거쳐 간략히 설명하고 있으며 실무적으로 필요한 서식과 조치방법은 부록에서 자세히 기술하고 있다.

기록관리의 역사가 오래된 선진 외국에서는 기록관리 비상계획이 간과해서는 안 될 주요 정책으로 인식되어 왔지만, 우리나라의 기록관리에서 중요한 부분으로 인식된 것은 그리 오래되지 않았다. 이를 반영하여 금번 개정되는 『공공기관의기록물관리에관한법률』에서 대통령령이 정하는 바에 따라 기록물의 보안 및 재난관리 대책을 수립·시행하도록 하였고, 이에 대한 표준 또한 제정·시행하도록 규정하고 있음을 볼 때 우리나라의 기록관리도 이제 모양새를 올바로 갖추어 가고 있음을 알 수 있다.

최근 급속한 정보화 사회의 진전에 따라 과거에는 예측하지 못했던 엄청난 재난이 손쉽게 발생하고 돌이킬 수 없는 결과를 초래하고 있음을 많이 목격하게 된다. 이 편람에서는 물, 불 또는 건물의 파괴와 같은 물리적 비상사태에 대해서만 다루고 있으며, 사이버 공격·해킹등과 같은 전자데이터의 파괴에 대비하는 방법은 언급되지 않았다. 아마도 이 책이 저술될 당시의 사회적 상황과 매우 전문적·기술적 지식을 요하는 사이버 재난에 대한 보편적 설명의 어려움에 기인한 것이리라 생각된다. 그러나 향후 그 빈도나 강도가 더 높아질 사이버 재난에 대비하기 위한 전략과 방법에 대해서도 각 기관에서 보편적으로 수행할 수 있는 부분, 전문적으로 수행할 수 있는 부분에 대한 지침이 반드시 마련되어야 할 것이다.

한 국가의 역사를 온전히 보존하고 후세에 전달하기 위해 기록관리 비상계획은 그 어떤 분야보다도 우선적으로 선진 사례가 벤치마킹되어 실제 업무에 적용할 수 있도록 지침이 마련되어야 할 분야라 할 수 있다. 역자는 이 분야의 전공자가 아니었기 때문에 이 책의 번역을 수락한 것이 내심 후회되기도 했고, 무엇보다도 전문적인 용어의 번역 문제는 여러 가지 어려움으로 남아 출판되기 까지 많은 우여곡절을 제공하기도 했지만, 국가기록원의 여러 직원들이 전문적인 조언과 의견을 제공해 준 덕분에 오랜 기간 미결상태로 있었던 이 책의 번역을 마무리 하게 되었다.

  적절한 한글 번역이 어려운 단어는 원어를 그대로 두는 것이 바람직하다고 판단되어 원어를 그대로 기재하였다. 역자도 이 분야에 대해 새롭게 공부한다는 각오로 번역에 임했으므로 일부 번역에는 미숙한 점이 있었으리라 생각된다. 이 책의 오류나 미숙한 점에 대해서는 독자 여러분들의 너그러운 이해를 바라며 일선 기관에서 적용하기 쉬운 소개서나 더욱 발전된 연구결과물들이 계속적으로 출간되기를 바란다.

2006년 11월
이 젬 마   씀

차례

기록관리 비상계획 : 업무편람

　비상사태나 재난으로부터 기록을 보호하는 것은 자연재해이건 인재이건 상관없이 기록보존 프로그램(record-keeping programme)의 필수적인 부분이다. 기관이나 국가의 상황에 따라서 다양한 유형의 재난이 발생할 수 있다. 물은 기록에 가장 큰 위험을 가져다 준다. 물에 의한 훼손은 홍수나 태풍과 같은 악 기상에서 올 수도 있고 누전이나 배수장치와 같은 건물문제로 부터 올 수도 있다. 물은 불보다 더 심각한 문제를 일으키는데, 화재가 기록 전체를 소멸시킬 수 없는 반면, 화재를 진압하는데 사용된 물에 의해 기록은 완전히 손상되기 때문이다. 그 밖의 재난에는 지진, 무장충돌 및 정전, 기타 등이 포함된다.

　이 편람은 비상시에 대비하고 이에 대응하는 정책과 전략을 개발하는데 관련된 방법들을 설명하고 있다. 이 편람은 갑자기 발생할 수 있는 상황에 대해서만 언급하며, 곰팡이 번식, 병충해 및 빛에 의한 훼손 등과 같이 장기간에 걸친 기록의 퇴화에서 비롯되는 재난을 다루는 방법은 소개하지 않는다.

　비상대책계획은 비상시 해당조직에 도움이 될 수 있도록 다음의 3가지 원칙을 천명해야 한다.

- 준비(readiness) : 비상사태와 재난을 이겨낼 수 있는 방어 수단 및 재난을 처리하는 전략과의 결합
- 대응(response) : 발생하는 어떤 비상사태를 처리하는 방법
- 복구(recovery) : 기록과 설비를 보통의 상태로 복구시키고 정상적인 작동을 되찾도록 하는 것

　기록관리기관은 비상시에 어떤 자원이 요구되는지 고려해 보아야 한다. 발생할 수 있는 재난과 비상사태를 평가함으로써 자원에 대한 우선순위를 매겨야 한다. 예를 들어 안전한 보존설비와 보존전문가를 기관 내에서 동원할 수 없다면, 복구작업의 범위는 훨씬 제한될 수 있다. 그러한 상황에서는 위험의 평가와 방어에 초점을 두는 것이 현명하다.

재난계획전략의 개발 및 성공적인 실시와 관련되는 많은 요소들에는 다음과 같은 것들이

포함된다.

- 고위간부층으로부터 적극적 참여를 확보해야 한다. 강력한 위원회를 만들도록 조언한다.
- 적절한 인력과 예산을 제공한다.
- 각 부서를 위한 정책, 절차 및 점검목록을 만들고 그것이 수용되도록 한다.
- 위협과 위험에 대한 철저한 평가를 실시하고 기록보호를 위한 우선순위를 정한다.
- 비상사태와 재난의 상황에 대처할 수 있는 분명한 지도자적 역할과 책임을 부여한다.
- 적절한 교육을 실시한다. 관리자를 위한 공식적, 위임적 인식프로그램(mandatory awareness programs)과 일상 업무에서 기록을 관리하는 프로그램이 포함된다.
- 비상 장비 등의 정기적인 시험과 검사를 통해 비상 및 재난 통제 요구사항을 연습한다.

1. 용어정의(Terminology)

이 편람에서 '기록실(records office)'이란 등록부서(registry)나 현용파일을 생산, 유지하는 단위를 가리킨다. 기록관리기관(archival institution), 기록실(records office), 기록관(records centre) 및 '기록 및 영구기록관리기관 (records and archives institution)'을 일반적인 의미로 사용한다. 기록관리기관, 기록관 및 기록실을 통제하는 기관을 '기록 및 영구기록관리기관(records and archives institution)'이라 일컫는다. 어떤 정부기관이나 경제기관에서 기록보존시설은 모든 기록-보존기능(record-keeping functions)을 말하기도 한다. 'archives'가 기록을 의미할 때는 소문자로 쓰이고, 'archival institution'이라는 용어는 기관자체를 말할 때 사용됨을 주시하라. 이용자들은 '국립기록보존소(national archives)', '지방기록관(provincial records centre)', '기업기록관리실(corporate records office)' 등 그 특정한 상황에 따라 적합한 용어를 적용해야 한다.

이 지침서에서는 비상계획과 관련되는 다음의 용어들이 사용된다.

비상사태(Emergency) : 즉각적인 행위를 요하는 예상치 못한 사건의 발생

재난(Disaster) : 매우 파괴적인 결과를 가져오는 예상치 못한 심각한 사건

비상계획(Emergency plan) : 비상사태나 재난 시에 그 기관, 직원 및 자원에 대한 피해를 방어하고 최소화하기 위해 사용되는 정책이나 절차

기록(Record) : 형태나 매체에 관계없이 일부분을 형성하거나 증거를
제공하는 것으로서, 법률의무 이행 및 사업 거래 시 기관(공공기관 또는
사기업)이나 개인에 의해 생산, 인수, 관리 및 사용되는 문서(documents)

2. 부록(Appendices)

부록은 이 편람 전체에서 지시하는 서식 및 문서의 실례를 제공한다. 서식은 이용자가
복사할 수 있도록 부록의 형식으로 함께 묶어져 있다.

> 비상시계획에 대해 보다 많은 정보를 원한다면, 『기록관리
> 비상계획(Emergency Planning for Records and Archives Services)』을 참
> 고하라.

제1장

준비(readiness)

발생하는 위험이나 재난을 없앨 수는 없지만 신중한 계획은 이러한 사건의 결과를 최소화할 수 있도록 할 것이다.

1. 조직(Organisation)

기록관리기관의 장은 비상대책계획 및 통제 시 협력할 수 있는 팀을 지정해야 한다. 상황 안팎에서 모든 대처방안과 복구활동을 지시하는 것이 그들의 의무가 될 것이다.

그러한 팀에 사용되는 용어의 예는 부록 1에 나와 있다.

팀 요원의 역할은 계획이 이해될 수 있도록 분명히 정의되어야 한다. 보다 소규모 조직에서는 이러한 역할들이 서로 합쳐질 수는 있지만 모든 중요한 행동을 통제하는 책임은 개개인에게 분명히 부여되어야 하며 그들의 책임이 이해되도록 하는 것이 중요하다.

요구되는 역할 및 책임에 대한 내용은 부록 2를 참고하라.

2. 비상 계획의 수립 (Compiling an Emergency Plan)

재난계획서는 비상대응팀(emergency response team)에 의해 이용되어야 한다. 재난계획서에는 다음과 같은 것들이 포함되어야 한다.

- 기록관리기관장의 소개말이나 정책문이 포함되어야 한다.

정책문의 예는 부록 3을 참고하라

- 발생할 수 있는 가능한 비상사태와 재난사태를 간결하게 기술해야 한다.
- 다음을 위해 계획의 목표를 수립해야 한다.
    - 기록의 손상이나 파괴를 방지할 수 있는 효과적인 방법의 사용
    - 손상을 줄이고 상황의 악화 방지
    - 효율적인 상호-협동 복구 작업
    - 개인이나 재산에 대한 손해 방지
- 기관을 위한 비상대책 편람의 기술 시에는 다음과 같은 정보가 포함되어야 한다.
    - 화재경보에 대한 것
    - 피난방법
    - 비상사태를 담당하는 직원의 이름
    - 구조와 복구 도움을 청하는 방법
- 비상사태에 호출되는 모든 직원의 사무실 및 자택 전화번호 등과 같이 완전한 정보 목록이 포함되어야 한다. 목록에는 설비 관리자, 보존담당 전문가, 중간관리자 등이 포함되어야 한다. 또한 이 목록에는 복구작업 시 도움을 줄 수 있는 자원봉사자의 이름과 연락 정보가 포함되어야 한다.

연락 정보의 서식은 부록 4에 나와 있다.

- 특별히 중요한 기록에 대한 기술, 구조작업 시 이들의 우선순위 및 건물에서 이들의 위치 등이 포함되어야 한다.
- 전원 및 물 공급-절단 지점, 배수지점 등이 자세히 나타난 건물의 평면도가 포함되어야 한다. 구조작업 동안(냉동시설로 기록을 옮기기에 앞서 기록을 포장하는 것 등) 기록을 보존하기 위해 사용되는 구역이 분명히 표시되어 있어야 한다.
- 이용 가능한 비상장비 및 자료의 목록이 포함되어야 한다. 대규모 기관에서는 건물 전체 전략적 위치에 똑같은 저장장소를 설치해 놓는 것이 필요하다. 어떤 기관에서는 모든 제안된 물품을 구하는 것이 불가능할 수 있다; 필수적인 장비 및 공급품의 목록은 부록 5에 나와 있다.

이상적이며 필수적인 비상장비 및 자료는 부록 5를 참고하라.

- 장비를 제공하거나, 기록을 저장, 냉동 및 이송할 수 있는 외부공급자의 완전한 연락정보도 명시되어 있어야 한다.

외부 공급자에 대한 정보작성 서식의 예는 부록 4에 나와 있다.

- 재난상황 시에 상호 협력을 위해 다른 기관과 협의된 동의서가 포함되어야 한다.

  동의서의 정관 견본은 부록 6에 나와 있다.

- 기록의 구조(salvage)에 대한 지침서가 포함되어야 한다.

  구조 지침서는 부록 7에 나와 있다.

- 사고경위보고서 작성에 대한 정보가 포함되어야 한다.

  사고경위보고서의 예는 부록 8에 나와 있다.

3. 예방(Prevention)

비상사태나 재난 발행의 위험은 다음과 같은 절차 등을 상정함으로써 최소화할 수 있다.

- 지시된 장소 외에서는 금연하라
- 건물구조나 시설이 완벽한지 확인할 수 있도록 매년 건물점검(annual building inspections)을 실시하라. 점검은 다음과 같은 부분에 초점을 두어야 한다.
  - 지엽적 기상상황에 대한 저항(resistance)
  - 건물구조의 질
  - 장비, 전기나 가스 공급부분에서의 화재 위험
  - 난방, 수도 및 배수관, 주방, 소방시스템 등 물을 수반하는 시설의 상태
  - 취약 지점을 확인하고 가능한 한 빨리 보강하는 것
  - 위의 사항들을 위해 관리정책을 개발하고 실시하는 것
- 가능한 한 지역소방서와 연결된 화재-분무 경보를 포함하는 화재예방/방지 장비(fire prevention/protection equipment)를 설치하라.(건전지에 의한 경보는 전원 공급이 불가능한 경우 적당하다.)

제2장

대응방안(Response)

재난에 대한 성공적인 대응은 준비성의 정도에 의해 결정될 수 있다. 어떤 사건이 발생할 경우, 다음과 같은 절차가 취해져야 한다.

- 비정상적인 상황을 담당 관리자나 직원에게 신고하라.
- 사람, 기록 그리고 재산을 보호하라.
- 복구나 이와 관련된 비용 요구를 최소화하는 동안 가능한 한 많은 양의 기록(materials)을 구하라.

화재가 발생하면 기록손상을 방지하고 기록을 구하기 위해 직원이 할 수 있는 일은 거의 없다. 가장 우선시 되는 것은 그 지역의 모든 개개인을 안전하게 하는 것이다. 직원과 열람자는 가능한 한 빨리 그 건물에서 대피해야 한다. 담당직원은 열쇠가 달린 소화기와 평면도를 제공하고, 잠재적인 위험과 문제들을 파악하며, 그 밖의 다른 정보를 제공하고, 그들이 대피할 수 있도록 도와야 한다.

물에 의한 피해(화재직후나 파이프의 파열, 빗물의 누수 등과 같은 경우)는 기록에 대해 가장 심각하고도 잠재적인 위험을 가져다준다. 전기고장이나 소규모 화학약품 누출 등과 같은 다른 상황들에 대한 대처는 종종 자명한 것이거나 완전한 재난통제를 요구하기에는 너무나 제한적이다.

1. 비상사태나 재난에 대한 대응 (Responding to an Emergency or Disaster)

비상사태나 재난발생시에는 다음과 같은 절차들이 취해져야 한다.

- 비상사태를 최초에 발견한 사람이 경보를 울려야 한다. 적절하다면, 그는 사건의 원인을 처리할 수 있는 행동을 해야 한다.(작은 화재를 진압하기 위해 소화기를 사용한다든

지, 통제할 만한 누수일 때 급수장치를 끈다든지 하는 것 등). 이는 사람의 안전에 위험이 없는 경우에만 행해야 한다.

- 일단 경보가 울리면, 비상사태 계획에 있는 연락정보를 이용해 모든 필요한 사람들이 참여하여야 한다. 필요하다면, 비상시 서비스(the emergency services)가 요구될 수도 있다.
- 비상시에 함께 협동할 책임이 있는 직원은 상황의 심각성과 어떤 손상이 가해졌는지를 판단해야 한다. 이 담당자는 비상사태 계획에 명시되어 있어야 하고 첫 번째 직원이 자리를 비웠을 경우를 대비해 다음 직원도 명시되어 있어야 한다.
- 담당직원의 판단이 내려지면 비상대응팀 요원들을 모으고, 비상계획에서 수립된 우선순위에 따라 기록을 구할 수 있는 전략을 세우고 팀에게 재난의 범위와 성격, 그리고 그들의 역할을 간단히 설명해야 한다.

2. 젖은 종이기록의 구조
(Salvaging Wet Paper-based Materials)

물에 의해 손상된 종이기록은 더 이상의 손상을 피하도록 안전하게 관리해야 한다. 가장 일반적인 방법은 냉동에 의한 것이다. 이 방법은 복구시스템을 가동하고 더 이상의 피해를 예방할 시간을 제공해 준다. 비상계획에는 냉동설비의 사용여부에 대한 정보가 포함되어 있어야 한다. 만약 이것이 가능하다면, 다음과 같은 단계가 취해져야 한다.

- 신속하게 그러나 신중하게 행동하라. 구조작업에 있어 시간은 매우 중요하다.
- 기록을 비닐봉투에 포장하라, 그렇지 않고 이들을 단단한 블록에 넣어 냉동시키면 나중에 복구가 거의 불가능해 진다.
- 기록이 가능한 한 쉽게 분리될 수 있도록 기록철, 권, 기타 자료들을 각각 다른 비닐봉투에 포장하라.
- 만약 문서가 젖은 덩어리를 이루어서 서로 붙어있다면, 이 문서들을 함께 커다란 비닐봉투에 넣어라. 기록을 서로 떼어내려는 것은 너무 많은 시간을 요하며 그 이상의 손실을 가져올 수도 있다.
- 각 묶음에 라벨과 번호를 붙이고 만약 이 기록 정보를 알 수 있다면, 각 묶음의 내용을 나타내는 목록을 준비하라. 적어도 후에 이 문서가 위치파일과 대조될 수 있도록 그것이 발견된 위치를 명시하라.

- 각 기록철(volumes)을 가능한 한 분리해서 포장하라.
- 지도나 기타 커다란 기록철에는 흡수성 있는 압지(blotting papers)와 같은 것들을 삽입하라(기관의 비상공급품에 포함되어 있어야 한다.)
- 기록을 차 안에 옮겨 가능한 한 빨리 냉동시설이 있는 곳으로 이송하고 복구 작업이 시작될 때 까지 그곳에 보관하여라. 이송을 늦추거나, 차 안에 오랜 시간 놓아두어서는 안 된다. 그러면 더 악화될 수 있기 때문이다.

만약 문서가 가볍게 젖었다면 공기 중에 건조시키는 것이 적합하다. 냉동건조장비를 이용할 수 없다면 다음과 같이 공기 중에 건조시키는 것이 유일한 방법이다. 그러나 공기건조의 결과는 냉동건조만큼 만족스럽지는 못할 것이다. 물에 의해 손상된 기록을 공기 중에 건조하기 위해서는 다음과 같은 조치들을 취해야 한다.

- 재난지역에서 멀리 벗어난 통풍이 잘되는 지역을 선정하라.
- 그곳의 온도를 가능한 한 서늘하게 유지하라.
- 가능하면 공기 중으로부터 습기를 제거할 수 있도록 제습기를 설치하라.
- 각 페이지가 펼쳐지도록 문서를 위로 펼쳐 놓아라. 가능하면 흡수성이 있는 종이를 삽입하고 정기적으로 기록철을 위에서부터 밑으로 바꿔주어라.
- 단일문서와 크기가 큰 문서는 깨끗한 흡수성 있는 표면에 옮겨 놓아라.
- 공기가 이동해서 기록 주위로 움직이도록 유지하라.
- 기록을 정기적으로 점검하고, 완전히 건조되었을 때 건조지역에서 철거하며, 어떤 손상이 없는지 주의 깊게 관찰하고 그들을 적당한 보존장소에 돌려놓아라.

용해성 잉크와 코팅된 종이로 된 문서는 공기 중 건조가 적합하지 않다. 이러한 문서들은 냉동 건조시켜야 한다. 잉크와 코팅이 느슨해지거나 번질 수 있고 공기 중에 건조시킬 때 손상된 상태 그대로 건조될 것이다.

온도나 습도를 조정하고, 공기 건조기를 작동하기 위한 전원이나 설비가 없는 경우, 공기 건조를 위한 자연적인 기술이 사용될 수 있다. 예를 들어, 기록을 가벼운 바람이나 산들바람에 노출된 지역에 보관하면 공기의 회전을 돕고 문서를 건조시켜 줄 수 있다. 직접적인 태양빛에 문서를 보관하거나 비에 의한 또 다른 손상에 노출되거나 폭풍우에 노출되지 않도록 주의해야 한다.

문서 구조를 위한 보다 세부적인 권고사항은 부록 7을 참고하라

비종이 기록(non-paper materials)의 구조에 관해서는 전문가의 조언이 필요하다.
다음을 기억하라.

- 젖은 도서를 열거나 덮지 말라.
- 서로 들러붙은 것은 하나씩 떼어내지 말라.
- 진흙이나 먼지를 제거하려고 하지 말라.
- 도서의 표지를 제거하지 말라.
- 젖은 도서나 종이를 누르지 말라.

가능하다면, 재난의 상황과 구조작업을 사진으로 찍어 두도록 한다 ; 이 정보는 발생한 상황이 어떤 것이며 어떻게 작업이 진행되었는지 정확하게 이해하도록 해 줄 것이다. 기록을 구조하기 위해 취해진 모든 작업의 기록 또한 보존하라.

제3장

복구작업(Recovery)

　다음은 비상사태나 재난 발생 후 가능한 한 빨리 정상적인 상태로 복구하는데 관한 지침을 제공한다.

　사건의 성격에 따라 복구 과정은 빠를 수도 있고, 건물이나 기록을 원상복귀 시키기 위한 장기간의 계획이나 상당 수준의 자원을 요할 수도 있다.

　돌발 상황을 안정화시키기 위해서는 다음을 따라야 한다.

- 화재가 진압되고 즉각적인 위험이 지나간 건물은 안전하다는 것을 확신시켜라. 만약 비상서비스 인력이 요청되었다면, 그들은 투입되기 전에 그 지역이 안전하다는 것을 확인할 것이다.
- 진공건조기뿐만 아니라 자루걸레와 물통을 사용해 그 지역에서 모든 물기를 제거하라. 물이 남아있다면 우선 전원을 내리고 모든 전기장치의 연결을 끊어야 한다는 것을 기억하라. 그렇지 않으면 전기 위험으로부터 감전사 위험이 있을 수 있다. 의심스럽다면 진행하기 전 소방서로부터 비상 인력의 도움을 요청하라.
- 공기정화기를 이용해 건물 전체에 공기가 회전하도록 유지하라. 또한 공기를 맑게 하고 회전을 유지하기 위해 팬(환풍기)과 제습기를 설치하라.
- 건물 밖의 공기가 더 차고 건조하다면, 가능한 한 온도를 많이 낮출 수 있도록 창문과 출입문을 열어라. 기록이 바람에 날려가거나 빗물이나 태양에 의해 손상될 수 있는 지역에서 멀리 떨어져 있는가를 확인하라.
- 공기 회전을 위해 어떤 방법을 사용하든 상대습도는 65% 이하, 온도는 18℃ 이하로 유지해서, 가능하면 곰팡이가 번식할 수 있는 위험을 최소화해야 한다. 가능하다면 온도와 상대습도를 측정할 수 있도록 온도계와 모니터를 설치하라.
- 물로 인해 훼손되었다면 카페트 류를 제거하라. 이러한 물건은 건조될 수 있는 곳에 보관하라.
- 공기를 건조시키고 곰팡이 번식의 기회를 줄일 수 있도록 모든 것이 마를 때 까지 전등은 항상 켜 놓도록 하라.

기록과 시설에 대한 손상의 정도를 판단하기 위해서는 다음의 조치를 취해야 한다.

- 사건보고서(incident report)를 작성하라.
- 손상된 기록의 가장 적절한 처치에 대해 전문가와 상의하라.

> 처치를 위한 보다 많은 정보는 『기록보존(Preserving Records)』,
> 『기록관리 비상계획(Emergency Planning for Records and Archives
> Services)』과 『추가정보(Additional Resources for Records and Archives
> Management)』를 참고하라.
>
> 사건보고서 양식은 부록 8을 참고하라.

보존서고를 복구하기 위해서는 다음의 절차를 따라야 한다.

- 기록을 다시 배열하기 전에 보존서고, 서가 또는 기타 서고장비들을 소독하라. 보존서고 소독에 사용된 화학약품은 비상대응팀의 장에 의해 승인된 것이어야 한다.
- 서가와 기타 서고장비를 복구하거나 교체하라.
- 완전히 건조됐는지 확인하기 위해 서가나 시설 내 모든 지역을 점검하라.
- 공기정화기를 포함해 환경적인 조건이 모든 지역에서, 특히 기록 보존서고에서 안정성 있게 설치되어 있는지 확인하라.

건물을 복구하기 위해서는 다음의 절차를 따라야 한다.

- 건물의 물리적인 구조가 안전한지, 필요한 지원시스템과 서비스가 완전히 작동되는지 확인하라.
- 모든 수선과 서비스가 만족스러운 수준으로 처리됐는지 점검하라.
- 모든 안전시스템이 제대로 기능하는지 확인하라.

보존서고로 기록을 재배치하기 위해서는 다음의 절차를 따라야 한다.

- 건조나 세척을 포함해 기록에 대한 모든 처리를 끝마쳐라. 기록이 완전히 건조되었을 때 곰팡이가 서식하는지 확인하고, 만약 깨끗하다면 그들을 서고에 배열하라. 곰팡이가 발견되면, 이를 제거하기 위한 조언을 요청하라. 그런 과정에서는 기록을 서고로 복귀시켜서는 안 된다. 종이는 서고로 복귀될 수 있을 정도로 수분함량이 낮아지기에 앞서 만져보아서 말랐다고 느껴져야 함을 명심하라. 기록을 복귀시키기 전에 우선적

으로 수분의 농도를 측정해 볼 수 있다. 다시 말해서 이를 위해서는 전문가의 조언을 요청하는 것이 필요하다.

- 보존서고로 복귀된 모든 기록의 목록을 유지하라.
- 손실된 문서가 있는지 확인하고 이들의 위치를 확인할 수 있도록 비상사태나 재난시 이동된 기록의 목록과 복귀된 기록의 목록을 함께 관리하라.

기록에 대해 계속적인 보호가 진행되기 위해서는 다음의 절차를 따라야 한다.

- 곰팡이가 번식하지 않는지 정기적으로 보존서고와 기록에 대한 점검을 계속하라.
- 나타난 곰팡이를 제거할 수 있도록 필요한 조치를 취하라. 감염된 기록은 보존서고에서 옮기고 곰팡이 문제가 해결될 때 까지 별도로 보관하라.

사건이 종결되고 모든 대청소가 완결된 후에는 다음의 절차를 따라야 한다.

- 사후 회의를 개최하여 비상사태나 재난의 원인을 규명하라.
- 비상사태나 재난에 대해 기관장에게 사건보고서나 이와 유사한 간략노트를 제출하라.
- 동일한 비상사태 재발을 방지하기 위해 필요한 조치를 취하라. 예를 들어 손상된 파이프를 수리한다든지, 가연성 물질 등은 제거한다든지 하는 것 등
- 비상계획 과정에서 작성 또는 요구된 개선사항이나 변화에 비추어 비상계획을 수정하라.
- 비상공급품이 제대로 공급되어 있는지, 필요한 경우 추가분이 있는지 확인하라.
- 열람자나 민원인에게 비상사태의 결과로 파생된 운영상의 변화를 주지시켜라.

위탁사항(Terms of Reference)
[비상계획위원회명]

임무(Mandate)

비상사태를 처리하는 전략 및 계획을 개발하고 수행하기 위하여, 재난의 예방을 돕는 대책을 촉진하기 위하여, 재난에 따른 기록의 잠재적 피해를 최소화하기 위하여, 사고에 의해 훼손된 기록과 시설을 복구하기 위하여, 특정 상황에 신속하고 효율적으로 대처하기 위해 직원의 준비성을 증가시키기 위한 것이다.

목표(Objectives)

기록과 시설을 보호하고, 비상사태에 처해있는 모든 인간의 생명을 보호하며, 재난이 지나간 후 정상적 상태로 신속히 복구할 수 있도록 하기 위한 것이다.

책임(Specific Responsibilities)

- 비상계획을 지원하는데 필요한 직원과 재정적 자원을 확인한다.
- 직원의 인식과 숙련도를 증가시키기 위한 훈련계획을 개발한다.
- 포괄적인 위험성 평가가 수행될 수 있도록 한다.
- 예방적 비상대책을 개발하고 실행한다.
- 예방적인 비상대책(척도)을 정기적으로 점검하고 검사하도록 돕는다.
- 모든 준비상태, 대응 및 복구활동을 관리한다.
- 비상사태 전략 및 계획을 시기 적절히 검토하고 개정하도록 한다.
- 계속되는 재난을 분석하고 교정조치를 제시한다.
- 각 사건 후 포괄적인 보고서를 준비한다.

보고 조직 (Reporting Structure)

조직은 기록관리기관의 장에게 보고한다.

구성원(Membership)

비상계획에 있는 연락처목록을 참고하라.

개정(Amendments)

일단 승인된 위원회의 위탁사항은 기록관리기관의 장이 허락하는 경우에만 개정될 수
있다.

책임자(Staff Responsibilities)

기록관리기관의 장(Director of Records Administration)
(재난계획 및 통제를 위한 최고관리 책임)
긴급대책계획에 자원을 분배한다.
지정된 언론 매체의 대변인으로 활동한다.

긴급대책팀의 장(Head of Emergency Response Team)
(기록관리기관의 최고관리자의 일원)
재난사태를 선포하고 사고와 그 결과를 통제하기 위한 모든 활동을 지시한다.
재난대책계획을 개발하고 실시한다.
비상팀을 지시한다.
시기적절한 정보가 언론에 전달될 수 있도록 기록관리기관의 장에게 브리핑한다.
기록관리기관의 장에게 보고한다.

유지(보존) 및 안전책임관리자 (Officer responsible for Maintenance and Security)	보존기술 및 보존책임관리자 (Officer responsible for Conservation and Preservation)	기록관리책임자 (Officer responsible for Records and Archives)
- 비상대책팀의 장에게 활동이 요구되는 심각한 상황을 알린다. - 모든 적절한 안전장치가 제 위치에 있는지 확인한다. - 필요한 서비스, 장비 및 공급품을 준비한다. - 비상대책팀의 장에게 보고한다.	- 기록의 훼손정도를 평가한다. - 구조절차를 제시한다. - 복구처리를 감독한다. - 비상대책팀의 장에게 보고한다.	- 기록에 우선순위를 부여한다. - 기록의 보존가치를 평가하고 확정한다. - 기록의 지적통제를 유지한다. - 비상대책팀의 장에게 보고한다.

비상대응팀(Response Action Team)
가능한 한 많이 구조한다.
손상된 기록의 상태를 안정시킨다.
비상대책팀의 장에게 보고한다.

정책문(Policy Statement)

　열람자와 직원의 생명을 보호할 뿐만 아니라 기관에 위임된 시설 및 기록을 보호하는 것이 [기관명]의 정책이다. 이는 모든 직원의 기본적인 요구사항이며 재난방지를 위한 올바른 전략을 개발하고 통제하며 신속한 복구활동을 가능케 하고자 하는 것이다.

　비상계획에는 재난을 방지하기 위한 기관의 능력을 강화하고, 기록과 시설에 대한 잠재적 피해를 최소화하며, 직원들 간의 준비성을 촉진하는 등의 절차가 포함된다. 이러한 요구는 시간이 흐름에 따라 변화할 것이며 정기적으로 개정되어야 할 것이다. 비상계획문의 내용과 개정 제안은 모든 직원으로부터 환영받을 것이다.

　비상계획은 기록관리기관의 장의 승인 하에 발행된다.

____
기록관리기관의 장

____
날짜

비상대응팀의 연락세부사항

기 능	이 름	자택전화#	사무실전화#

필수요원의 연락세부사항
(비상사태시)

근무시

기　능	이　름	사무실전화#

비근무시

기　능	이　름	자택전화#

24시간 대기자의 연락 세부사항

이 름	자택전화#	사무실전화#

기록관리행정부서(최고관리팀)를 위한 연락세부사항

이 름 / 부 서	자택전화#	사무실전화#

보존담당자 연락 세부사항

이 름	자택전화#	사무실전화#	전문분야(매체)

자원봉사자 연락 세부사항

자 원 봉 사 자	사무실전화#	자택전화#

비상시 외부공급품 목록

물 품	공급자	전화번호
제습기, 공기정화기, 송풍기, 펌프		
습도 및 온도 감지 장비		
플라스틱 운반상자(Plastic milk crates)		
안전 울타리(Safety fencing)		
접이식 탁자		
손수레, 사다리		
이동식 화장실		
대여 트럭		
진공청소기(물청소/건조용)		
장비 대여(기타)		
상자(Boxes)		
철망울타리(Chain link fencing)		
화장실 청소용품(Janitorial supplies)		
화물 운반대 및 버팀목(Pallets and skids)		
종이 도매상(Bulk)		
종이 제조업체 종이 제품		
플라스틱 시트(plastic sheeting)		
안전 장비		

이상적인 비상장비 및 물품

앞치마(aprons)

도끼(axes)

손전등을 위한 전지(batteries for lights or flashlights)

나사못 절삭공구(bolt cutter)

빗자루(brooms)

인쇄 되지 않은 깨끗한 신문용지(clean unprinted newsprint)

작업복(coveralls)

쇠지레(crowbar)

제습기(dehumidifiers)

세제 및 세척용액(detergents and cleaning solutions)

소독제(disinfectants)

손수레(dollies or handcarts)

드릴(drills)

식수(drinkable water)

마스크(dust masks)

쓰레받기(dust pans)

확장케이블(extension cables)

보안경(eye protectors)

선풍기(fans, electric)

비상약품(first aid kits and medical supplies)

손전등(flashlights)

비상식량(food supplies for emergency use)

방염 마스크(fume masks)

발전기(generator)

풀 또는 본드(glue)

망치(hammers)

안전모(hard hats)

잭(jack) 〔역주 : 자동차 등을 위로 들어 올리는 기구〕

키친타월(kitchen towels)

라벨(자기접착식, 방수식)(labels; self-adhesive, waterproof)

고무장갑(latex gloves)

각목(lumber)

물걸레와 양동이(mops and buckets)

못과 나사(nails, screws, fasteners)

메모철(note pads)

연필(pencils)

유성 마커펜(permanent markers)

파이프 절삭공구(pipe cutters)

비닐 봉투(plastic bags, crates, sheets)

플라이어(pliers)

합판(창문대체용 혹은 차폐용)(plywood : for replacing or covering windows)

휴대용 조명장치(portable lighting systems)

보호용 장화(protective boots)

보호복(protective clothing)

양수기(수동 또는 전기식)(pumps, hand and electric for water)

라디오(건전지식)(radio, battery-operated)

밧줄(rope)

고무장화(rubber boots)

톱(saws)

가위(scissors)

나사 드라이버(screwdrivers)

삽(shovels or scoops)

실리콘 종이(silicone paper)

대형 해머(sledgehammer)

침낭 혹은 담요(sleeping bags or blankets)

스펀지(sponges)

스테이플건과 스테이플(staplegun and staples)

노끈(string)

외과용 고무장갑(surgical gloves)

테이프(masking or duct tape)

줄자(tape measures)

자기습도계, 회전 습도계(thermohygrograph, whirling hygrometer)

양철 가위(tin snips)

만능손칼(utility knives)

진공청소기(물청소용/건식)(vacuums, wet/dry)

호스(water hoses)

스프레이 병(water spray bottles)

방수복(waterproof clothing)

철사(wire)

철사절단기(wire cutters)

렌치(wrenches)

필수적인 비상장비 및 물품

손전등을 위한 전지(batteries for lights or flashlights)

빗자루(brooms)

쇠지레(crowbar)

손수레(dollies or handcarts)

식수(drinkable water)

보안경(eye protectors)

비상약품(first aid kits and medical supplies)

손전등(flashlights)

비상식량(food supplies for emergency use)

망치(hammers)

안전모(hard hats)

물걸레와 양동이(mops and buckets)

못과 나사(nails, screws, fasteners)

연필(pencils)

유성 마커펜(permanent markers)

비닐 봉투(plastic bags)

플라스틱 상자(plastic crates)

플라스틱 시트(plastic sheets)

플라이어(pliers)

밧줄(rope)

톱(saws)

가위(scissors)

나사 드라이버(screwdrivers)

삽(shovels or scoops)

스펀지(sponges)

테이프(masking or duct tape)

만능손칼(utility knives)

렌치(wrenches)

(기록관리기관)과 (타기관)과의 협약서 정관 (Memorandum of Agreement : MOA)

이는 기록보존에 대한 지식과 정보를 공유할 수 있도록 (기록관리기관명)과 (타기관명)의 상호혜택을 위한 것이다. 즉, 두 기관의 위탁사항은 각 기관 소장기록의 보존을 포함하며 소장기록을 다루기 위한 전문적 지식 및 설비를 포함한다. 하나이상의 소장기록의 안전을 위협하는 재난상황 발생시, 이 협약서에 명시된 양자는 상호 협의된 도움을 제공하기 위해 서로 협력하며, 가능한 기록보존시설을 공유한다.

재난대응을 목적으로, 다음에 명시된 이 협약서의 조항이 각각의 비상계획에 규정되어 있어야 한다.

a) 각 기관은 상호협력을 담당할 직원을 지정해야 한다. 기록관리기관에 대해서는 비상대응팀의 장이 선포된 재난상황 시 기관을 대표하여 행동할 것이다.(재난상황 발생시 상대기관을 대표하는 사람/직급을 참조하라). 이러한 개개인에 대한 정보는 기관의 비상계획서에 명시되어 있어야 한다.

b) 이 협의서에 명시된 기관에 자연재해 또는 기타재해 발생시, 상대기관의 조정자는 재난상황이 통제되고 기록이 위험의 범위에서 벗어날 때까지 비상대응 인력, 보존설비, 공급물품 및 장비의 형태로 도움을 요청한다.

c) 재난상황을 선포한 기관은 "도움을 빌리는 기관 (borrowing institution)"으로 간주하며 도움을 빌리는 기관을 돕기 위해 도움과 보존서고를 제공하는 기관은 "빌려주는 기관 (lending institution)"으로 간주한다. 각 기관은 제공할 수 있는 도움과 보존설비에 대해 완전히 자유재량권을 가진다.

d) 빌리는 기관(borrowing institution)은 비상시 절차 및 기술에 대한 지침을 제공하며 손상위험을 방지 또는 감소시킬 수 있도록 제작된 방어 작업복을 제공한다.

e) 빌려주는 기관(lending institution)의 비상대응요원은 빌리는 기관이 약속을 이행한다고 서명할 때부터 빌리는 기관에 의해 해제가 통지되거나 빌려주는 기관으로 복귀할 때까지 빌리는 기관(borrowing institution)의 지시에 따른다.

f)   빌리는 기관은 빌려주는 기관에 즉시, 그리고 동 회계연도 내에 모든 소요비용을 상환
      하되 최소한 다음과 같은 항목을 포함해서 상환해야 한다. 즉, 보수(초과근무를 포함한
      직원의 보수), 공급물품, 장비 및 보존설비에 대한 비용 등

_______________________   _______________________
(상대기관의 장)   (기록관리기관의 장)

____
(직위 및 기관명)

_______________________   _______________________
(날짜)   (날짜)

필요한 구조조치
(Recommended Salvage Treatments)

재료 (Material)	우선처치 (Priority)	주의 (Precautions)	처치 (Procedures)	건조방법 (drying method)
종이(Paper)				
양피지(Parchment) 문서(documents)	건조지역으로 즉시 옮겨라	접지말라. 수평으로 이동하라	평평하게 건조하라. 접근금지 시켜라	공기건조만 사용하라. 어느 정도 건조 되면 무거운 압지 사이에 두도록 하라
필사본(Manuscripts) 문서와 작은 그림 (documents and small drawings)	냉동하거나 48시간이내에 건조하라	각장으로 분리하지 말라	폴더 사이에 종이를 끼우고 운반상자나 판지 상자에 포장하라	공기 또는 냉동 건조하라
수채화와 기타 수용성 매체 (Watercolour, and other soluble media)	즉시 냉동 또는 건조하라	빨아들이지 말라	폴더 사이에 종이를 끼우고 운반상자나 판지 상자에 포장하라	공기 또는 냉동 건조하라
지도, 대규모 프린트물과 필사본 (Maps, oversize prints and manuscripts)	냉동하거나 48시간이내에 건조하라	각장으로 분리하거나 펼치지 말라	지도보관함, 빵 굽는 쟁반, 평평한 상자 또는 플라스틱 코팅 합판에 포장하라	공기, 진공 및 냉동 건조하라
코팅된 종이 (Coated papers)	12시간이내에 냉동하라	각장으로 분리하지 말라	묶음을 꾸러미로 나누어서 냉동종이로 감싸라	냉동건조만 가능하다. 전문가의 조언을 구할 수 없을 때에는 공기건조가 허용된다.
틀에 넣은 프린트 물과 그림 (Framed prints and drawings)	틀을 뺀 상태에서 냉동하거나 48시간이내에 건조하라	수평으로 옮겨라	가능한 한 틀을 벗기고 필사본이나 지도별로 포장하라	공기건조 또는 냉동 건조하라

재료 (Material)	우선처치 (Priority)	주의 (Precautions)	처치 (Procedures)	건조방법 (drying method)
도서(Books)				
도서와 팸플릿 (Books and pamphlets)	냉동하거나 48시간이내에 건조하라	열거나 닫지 말며, 표지를 떼어내지 말라	냉동종이로 분리하여 운반상자나 카드보드 상자에 책등을 밑으로 해서 포장하라	공기 또는 냉동 건조하라
코팅된 종이로 된 도서와 잡지(Books and periodicals with coated papers)	즉시 포장하여 12시간 이내에 냉동하라	상동	상동	냉동건조만 가능하다. 전문가의 조언을 구할 수 없다면 공기 건조하라
사진류(Photographic materials)				
콜로디언 바인더 (Collodion Binder) ㅇ암브로타입 　(Ambrotypes) ㅇ틴타입(Tintypes) ㅇ콜로디언웨스트 플레이트네가티브(Collodion West Plate Negatives) 염화콜로디언사진(Collodio-chloride Prints)	물에 잠겨져 있는 것으로부터 이러한 물질을 보호하라	케이스로부터 떼어내며 분리하는 것이 필요하다	방수상자나 방수포장재 사용이 고려된다. 젤라틴 프린트도 동일하다	냉동하지 말고 공기 건조하라. 젤라틴 감광유제(gelatin emulsions)를 참고하라
알부민 바인더 (Albumen Binder) ㅇ알부민 네가티브 　(Albumen Negatives) ㅇ알부민 포지티브 　(Albumen Positives)	36-48시간 이내에 건조하라	사진이 상하기 쉽다면 밀봉된 비닐봉투에 넣어 건조를 최소화하라. 봉투를 찬물에 넣어라	물에 담그는 시간을 최소한으로 유지하고 그들이 파일에서 분리될 수 있을 때 까지 젖은 상태로 유지하라	공기 건조하라
단색비은(Monochrome Non-Silver) ㅇ사이아노타입 　(Cyanotypes) ㅇ카본사진 　(Carbon Prints) ㅇ우드버리타입 　(Woodbury-Types) ㅇ콜로타입 　(Collotypes)	48시간 이내에 건조하라	압지로 빨아들이지 말며 접촉부분만 취급하라	시간과 인력이 허락한다면 분리하고 공기건조하거나 냉동하라	공기 건조하라

재료 (Material)	우선처치 (Priority)	주의 (Precautions)	처치 (Procedures)	건조방법 (drying method)
젤라틴 에멀젼 (Gelatin Emulsions) ㅇ 롤 필름(Roll Films) ㅇ 단상필름(Sheet Films) ㅇ 셀룰로오즈질산염 필름(Cellulose Nitrate Films) ㅇ 셀룰로오즈 삼초산 필름(Cellulose Triacetate Films) ㅇ 폴리에틸렌 테레프탈염산(Polyethylene Terephthalate) ㅇ 현상된 인화지(Developing-out Papers) ㅇ Printing-out Papers ㅇ 인화지(Resin-Coated Papers) ㅇ 즉석흑백필름(Instant B/W Photographs) 젤라틴 사진건판 네거티브(Dry Plate Negatives)	최소한(48시간) 물에 잠긴 상태로 두고 즉시 공기건조하며 강화비닐봉투에 싸서 냉동하라 최대 24시간까지 물에 담가라	냉동되지 않았다면 다른 물질과 접촉 하여 스며드는 감광유제(emulsion)를 바르지 않는다.	시간과 인력이 허락한다면 가능한 한 분리하여 공기 건조하라	1. 냉동하지 말고, 공기건조하라. 2. 냉동된 것이 녹도록 공기 건조하라(Freeze-thaw air dry)
감색프로세스(Subtractive Colour Processes) ㅇ 코다크롬 필름(Kodachrome Film)	이미지는 찬물에 담가라. 담그는 시간은 48시간 이하로 한다.	냉동되지 않았다면 다른 물질과 접촉하여 스며드는 감광유제(emulsion)를 바르지 않는다.	기록이 즉시 처리될 수 없다면 표준 강화비닐봉투에 넣어 냉동하라	젖은 상태면 공기 건조하라 냉동된 상태면 녹도록 공기 건조하라
ㅇ 엑타크롬 트랜스퍼런시(Ektachrome Transparencies)	상동	상동	상동	상동

○컬러네거티브 재료(Color Negative Materials)	상동	상동	상동	상동
○발색 프린트재료 (Chromogenic Color Print materials)	상동	상동	상동	상동
은염료 표백재료 (Silver Dye Bleach materials) 염료전사법에 의한 인화(Dye transfer) 염료발산전사법에 의한 인화(Dye Diffusion Transfer)				

재료 (Material)	우선처치 (Priority)	주의 (Precautions)	처치 (Procedures)	건조방법 (drying method)
마이크로필름 롤(Microfilm Rolls)				
마이크로필름 롤 (Microfilm rolls)	롤을 필름처리 장치에 가능한 한 빨리 탑재하라	공기건조를 피하라	플라스틱 랩으로 싸서 강화비닐 봉투에 롤을 넣어두어라. 카드보드상자에 넣어라.	세척, 건조 및 재 포장(reboxing)을 위해 필름처리 장치를 돌려라. 영구기록 원본 롤은 복제하여야 한다.
그림류(Paintings)				
판넬이나 넓은 캔버스에 그린 유화(Oil paintings on panel or stretched canvas)	즉시 건조하라. 장식 틀을 떼어내어라	물을 빼내고 수평으로 옮겨라. 즉시 전문가에게 의뢰하라	그림 결(paint layer)을 건드리지 말고 표면을 위로 두어라	공기 건조하라
모형(Miniatures)	즉시 건조하라	모형틀, 금합(locket)이나 주입물(enclosure)을 기울이거나 제거하지 말라.	그림 결(paint layer)을 건드리지 말고 표면을 위로 두어라	공기 건조하라
자기테이프(Magnetic Tape)				
자기테이프 (Magnetic Tape)	공기건조가 즉시 진행되어야 한다.	테이프를 냉동하지 말라. 테이프 표면을 만지지 말라	테이프용기로부터 테이프를 떼어내라. 스페이서를 사용해서 테이프를 릴 감개 (reel flangers)와 부드럽게 분리시켜라	테이프를 수직으로 세워 공기 건조하라. 일단 테이프가 마르면 릴 감개로부터 스페이서를 분리시켜라. 건조된 테이프를 세척기에 넣어 돌리고 세척된 테이프를 복사하라

재료 (Material)	우선처치 (Priority)	주의 (Precautions)	처치 (Procedures)	건죠방법 (drying method)
메달과 인장(Medals and Seals)				
메달과 금속 인장(Medals and Metallic Seals)	메달을 즉시 건조하라	받침대(support)에 올려놓아라. 물품(artefact)옆에 식별정보를 기입하라	젖은 용기로부터 분리하라. 종이 타월로 건조하라. 스크린(screens) 위에서 공기 건조하라	과잉 수분을 흡수하라. 공기 건조하라
밀을 입힌 인장 (Waxed Seals)	즉시 공기 건조하라	받침대(support)에 올려놓아라.		공기 건조하라

사건보고서

A면	보고서번호	
보고받는 자의 이름	사건의 유형	
사고일자	시간	위치
보고자명		
사건의 개요		
B면		
소장기록 손상정도 평가	평가자명	
취해진 조치		
구조적인 손상정도 평가	건물관리자명	
취해진 조치		
비상 및 재난에 대처한 기타 사람들의 명단	직책	전화번호
기관검토	날짜	서명

ㄱ～ㅎ